JN440629

# 가슴에 뜨는 별

국립중앙도서관 출판시도서목록(CIP)

가슴에 뜨는 별 : 이근풍 시집 / 지은이: 이근풍. -- 대전 :
오늘의문학사, 2015
p. ; cm. -- (오늘의문학시인선 ; 346)

ISBN 978-89-5669-667-6 03810 : ₩8000

한국 현대시[韓國現代詩]

811.7-KDC6
895.715-DDC23 CIP2015007266

오늘의문학시인선 346

# 가슴에 뜨는 별

이근풍 시집

오늘의문학사

## | 서문(序文) |

순수한 듯, 약간 모자란 듯, 평생 그렇게 시를 썼습니다. 여러 권의 시집을 발간하면서도 '똑 부러지는 시'를 빚지 못하였다는 자괴감(自愧感)으로 가슴앓이를 하였습니다. 그래서 새로운 변화를 찾아 헤매다가 온고지신(溫故知新)에 이르렀습니다.

2013년에 발간한 13권째 시집 『아침에 창을 열면』에는 부(部)를 나누어 시와 시조를 수록하였습니다. '1부 행복을 찾아서' '3부 아침에 창을 열면' '5부 혼자이고 싶을 때'는 자유시로 편집하였습니다. '2부 솟아나는 그리움' '4부 뜨거웠던 가슴도' '6부 인생길 오가며'는 시조(時調)를 담았습니다. 몇몇 독자들이 '순수한 시와 잠언적인 시조가 새로운 감동을 주었다.'고 연락을 해와 가슴을 쓸어내리기도 하였습니다.

2014년에 발간한 14권째 시집 『내 가슴의 꽃으로』에는 신라 향가의 4구체, 8구체, 10구체의 정제된 시형(詩形)을 본뜬 작품들을 수록하였습니다. 1부 '사랑의 불씨'는 4구체 향가의 형식으로, 2부 '아내의 일기장'은 8구체 형식으로, 3부 '사랑 하나로'는 10구체 향가 형식을 빌었습니다. 한국 문학사의 가장

앞선 신라 향가 형식을 차용하여 정제된 작품을 빚어내었다는 말씀에 새로운 힘을 얻기도 하였습니다.

맑은 영혼으로 빚어낸
한 편의 시

다 부르지 못한
마음의 노래

가슴에 묻어두고
홀로 앓는 가슴앓이.

2015년에 발간하는 15권째 시집 『가슴에 뜨는 별』을 준비하면서 '서시(序詩)'로 준비한 작품입니다. '머리말' 없이 이 작품만을 수록하려고 하였지만 마음이 변하였습니다. 시 형식을 단화(單化)하게 된 까닭을 밝히고 싶었습니다.

3장(三章) 6구(六句)로 이루어진 단시조(短時調)처럼 3연(三聯) 6구(六句)를 기본으로 시를 빚었습니다. 벗어나기 어려운 시조의 정형성은 조그만 변화마저 거부하는 것 같았습니다. 그래서 시조의 단단한 정형성에서 벗어나 약간은 자유로운 형식을 택하게 되었고, 그로 인해 6구(六句)로 된 시만을 모아 시집을 편집하였습니다.

이러한 시도가 나 자신에게는 새로운 변화를 추구한 것이지만, 독자들이 어떻게 수용할지는 미지수입니다. 그래도 살아 있는 동안 작은 변화라도 찾아내려는 시도(試圖)를 쉬지 않으렵니다. '찻잔 속의 태풍'이 될지라도 내 가슴은 늘 새롭기를 소망합니다.

2015년 3월 저자

## 차례



## 1 때로는 사랑도

## 2 가슴에 뜨는 별

## 3 가슴속 깊은 곳에

# 4 서로가 사랑하며

1부

# 때로는 사랑도

# 수련

사랑으로 피어나는
내 마음의 꽃

은은하게 스며드는
사랑의 향기

내 가슴을 사랑으로
물들인 여인

# 꽃은

자신의 꿈 꽃 피우는
희망이 된다

나누는 사랑
행복이 된다

닫힌 마음 열어주는
열쇠가 된다

# 매화

섬진강변 매화꽃
봄 소식을 전하네

사랑 기쁨 전하며
새로운 길 열어주네

한결같은 사랑
행복을 선물하네

# 상사화

그리움이 사랑 되어
온몸을 물 들이네

사랑의 정념
불꽃으로 타오르네

아무도 끌 수 없는
사랑의 불꽃

## 백일홍

세월 가도 식지 않는
뜨거운 열정

주체하지 못하고
사랑 불꽃 터트리네.

타오르는 불꽃 보고
떠난 사람들.

# 꽃을 보는 마음에서

꽃을 보는 마음에서
새로운 꽃 피어나네.

꽃에서 묻어나는
맑은 향기

새어나지 못하도록
가슴을 닫네.

# 봄비

하나님께서 내미신
사랑의 손길

초록 눈으로
만나는 세상

빛나는 눈빛으로
새로운 세계 열어가네.

# 엽서 한 장 남기고

엽서 한 장 남기고
길을 떠나네.

다다를 곳 어딘지
알지 못하고

돌아올 수 없는
길을 떠나네.

# 전해주신 사랑 온기

생전 어머니께서
전해주신 사랑 온기

오랜 세월 흘러도
온몸으로 흐르네.

가슴에 남아있는
어머니의 사랑 온기.

# 아버지

아버지는 山이시다
침묵하는 山이시다

인생살이 힘겨울 때
등 내주는 山이시다

인생 길 가는 동안
바람막이 山이시다

## 어머니 사랑

퍼내고 또 퍼내도
마르지 않는

어머니 가슴에서
끊임없이 솟아나는

사랑의 맑은 생수
사랑의 깊은 샘물.

# 뜨거웠던 가슴도

젊음의 열정
뜨거웠던 가슴도

세월이 흐를수록
점점 식어가네.

고이고이 간직해 온
사랑의 불씨.

# 저녁노을

노을빛 아름다움
가슴에 물들이고자  해도

저녁노을 가슴으로
들어오지 않네.

마지막 인생길
비껴가는 노을 빛.

# 상처

살아가며 받은 상처
가장 깊은 상처

가까운 사람으로부터
한번 받은 곧 깊은 상처

세상 어떤 지우개로도
지워지지 않는다.

## 생의 애착에

나이 들어가면서
병앓이 하는 것은

떠날 준비를 하라는
창조주의 메시지

깊은 의미 깨닫지 못하고
애착에 목메는 사람들.

# 욕심

사물의 아름다움
보이지 않고

옳고 그름 판단
흐리게 하네

눈과 마음 가리는
첫걸음 되네.

## 때로는 사랑도

행복하리라 믿었던
아름다운 사랑도

때로는 사랑도
예기치 못한 고통

가혹한 형벌로도
돌아온다네.

# 세월이 흐를수록

가을 하늘 높을수록
푸르름은 더하고

세월이 흐를수록
사람 마음 깊어지네.

희망 사랑 붙들고
살아온 세월.

# 결과물

그대 앞의 초라한 밥상
지난날의 결과물

이제 와서 후회한들
돌이킬 수 있겠는가.

젊은 날에 세워야
노후의 풍요로운 밥상.

# 가정의 고독

가정의 고독으로
가슴앓이 하는 사람.

곳곳에서 일어나는
사랑의 부재.

오롯한 마음에서도
현실로 나타나네.

## 물줄기 따라

밝았던 눈빛
희미해져 가고

뜨거웠던 가슴도
싸늘하게 식어가네.

흐르는 세월 따라
생명의 해도 저무네.

## 인생고개

넘어야 할 인생고개
구름도 쉬어 넘는 고개

쉬엄쉬엄 돌아가며
흐르는 물처럼

끝 보이지 않는 인생고개
쉬엄쉬엄 넘네.

# 간이역

인적 끊긴 간이역에
아쉬움만 남기고

스쳐가는 바람처럼
열차가 지나가네.

선조님들 남겨놓은
지나간 옛이야기.

## 시 1

가슴에서 피어나는
아름다운 꽃

삶의 갈증 풀어주는
맑은 생수

씨앗에서 싹트는
새로운 생명.

## 시 2

새로운 길 열어가는
기쁨도 되고

누구나가 소망하는
행복도 된다.

가슴 따뜻해지는
사랑도 되고.

2부

# 가슴에 뜨는 별

# 찔레꽃

고향 가는 길가
하얀 찔레꽃

그 꽃에서 묻어나는
맑은 향기

어느 때 찾아가도
변함없는 사랑.

# 백목련

나그네 발목 잡고
마음까지 사로잡네.

전설 속 女人
아름다웠던 사랑이야기

순결한 마음에
자리 뜨지 못하네.

# 수련

맑은 웃음 그 향기가
가슴을 적시네.

가까이 다가가면
설레는 마음

두고두고 가슴에서
피어나는 꽃.

# 구절초 1

한 굽이 돌아가야
만날 수 있는 꽃

애달픈 사랑이야기
산마루를 넘네.

넘어왔던 고갯길
되돌아가야 할 시간.

## 구절초 2

마디마디 맺힌 한도
사랑으로 풀어내고

맑은 향기 전하며
희망 용기 북돋우네.

굽이굽이 돌고 돌아
사랑 받는 꽃.

# 가을 들녘에 서면

가을 들녘에 서면
수확의 기쁨으로 설레네.

외로웠던 마음도
각박했던 마음도

땀 흘려 일한 보람
가슴 가득 채우네.

# 어느 사이 가을이

어느 사이 가을이
성큼 다가와 있었네.

가슴 가득 차오르는
가을 풍요

都心에 갇혀 살다
한결 여유로워지네.

# 가을의 분수령에서

가을의 분수령에서
한 마리 새가 되네.

바람에 흔들리는
가을 잎새가 되네.

가도 가도 끝보이지 않는
저 길, 저 나그네.

# 허수아비

가을 들녘에
허수아비로 서 있네.

생의 중심에
서 있지 못하고

한 발짝 비껴서 있는
너와 나의 자리.

# 가슴에 뜨는 별

가슴에 뜨는 별
마음 밝혀주고

인생길 열어주는
빛나는 별

지금까지 살아오며
깨닫지 못했던 너.

# 머뭇거린 사이

바보처럼 살아왔던
지난날의 삶

머뭇거린 사이
덧없이 흐른 세월.

이제 남은 세월
보람되게 살 수 있는.

# 어머니의 별자리

밤마다 어머니 별자리
보이지 않네.

오랜 세월 흐른 아직까지
찾지 못한 어머니의 별자리.

오늘 밤에도
밤하늘의 별을 보네.

# 또 다른 희망

해 갈수록 더해가는
그대 향한 그리움.

잊으려하면 할수록
짙어지는 그리움의 농도.

또 다른 희망으로
남아있는 그리움.

# 가슴을 열고 보면

가슴을 열고보면
모두가 아름답네.

넓어진 가슴 속으로
모두가 들어오네.

삶의 여유로움
아름다운 삶의 향기.

# 오고가는 인생길

한 가지가 좋으면
한 가지는 나쁘다네.

이승 살이 가난한 자
저승 발길 가볍웁고

이승 살이 부자인 자
저승 발길 무겁다네.

## 입원실에서

환우들의 신음소리에
잠 못 이루는 밤이면

창을 통해 들어오는
밤하늘의 별님들

밤을 지새며
밤길 가는 나그네.

# 있다는 것은

이루려는 꿈
있다는 것은

기다릴 사람
있다는 것은

사랑할 사람
있다는 것은.

## 불행의 그림자

욕심은 화를 부른다
불행의 그림자가 따른다.

타인에게까지
큰 피해 주게 되는

불행의 길에서
엄청난 재앙을 직면하는.

## 욕망의 잎새

덕지덕지 붙어 있는
욕망의 잎새

가을나무가
모두 떨구어 내고

주렁주렁 매달고 있는
사랑의 열매.

# 어디를 가나

길가다 만난
야생화의 향기

어느 날 우연히 만난
한편의 시.

어디를 가나
가득 차 있는 행복.

## 사랑의 길

인생길 끝자락에
다다를 때까지

가야할 사랑의 길은
오직 한 길이다.

앞만 보고 가야 하는
사랑의 길이다.

## 거센 삶의 파도

끊임없이 밀려오는
거센 삶의 파도.

오랜 세월 흘러도
멈출 줄은 모르네.

이제, 거센 파도 헤쳐 갈
힘을 기르네.

3부

# 가슴속 깊은 곳에

# 사랑의 열매

어머님은 한 그루
사랑 나무셨다.

사랑의 열매
모두 나누어 주시고

이제는 홀로 서 있는
가을나무 되셨다.

## 꽃 편지

사랑 담은 꽃 편지로
봄소식을 전하네.

꽃 편지 받은 사람
설레는 가슴

편지에서 묻어나는
맑은 향기.

# 복사 꽃

사랑에 대한
누나의 열정.

사랑 용기 생겼을까
가슴으로 터뜨리네.

꽃 피는 봄날에
공개구혼을 하네.

# 꽃은

보는 이의 마음
맑게 해주고

일상의 고뇌도
씻어내 주며

아름다운 사랑 무늬
가슴에 새겨주네.

# 봄날의 해님

천하를 평정한
동장군도

따뜻한 사랑 앞에
무릎을 꿇네.

가슴에 품어
사랑으로 키워내네.

# 해바라기

기다리고 기다려도
오지 않는 님.

하루도 거름 없이
님 그리는 마음.

아름다운 사랑 꽃
피어나기 바라는 기도.

## 장미 1

젊음의 열정
사랑의 질투심

장미 꽃 가시로
돋지 않는지

자신의 사랑
다시 돌아보라네.

# 장미 2

가슴에 맺혀
풀리지 않는 한도

세월이 흐르면서
꽃으로 피어나며

굽이굽이 맺힌 한도
사랑으로 풀어내네.

## 달아준 꽃등

찾아온 봄의 女神
山과 들에 달아준 꽃등

사람들의 마음
밝히는 날이면

새로운 희망으로
새 출발을 다짐하네.

# 석류

가슴에 품어 키운
영롱한 보석.

그 보석의 주인공은
그 가치 사랑 아는 사람.

두고두고 사랑을
가꾸어 갈 사람.

# 가슴속 깊은 곳에

겉으론 냉정한 척해도
아내는 사랑의 화신.

맑은 생수 솟아나는
사랑의 샘이 있다.

오랜 세월 흐른 후에야
깨닫게 되는 깊은 사랑

# 모닥불

모여든 사람들로
원을 그린다.

희망의 불씨
가슴에 담는다.

고독을 모두 태우고
행복을 꿈꾼다.

## 먼 길 가는 인생길도

가을이 깊어지면
마음도 깊어지네.

깊어진 마음속에
가을 색이 물드네.

먼 길 가는 인생길도
행복으로 차오르네.

# 가을편지

오색무늬 가을 옷
갈아입는 잎새.

먼 여행길 떠나기 전
편지를 쓰네.

수취인 없는 편지에
배어있는 눈물자국.

## 가을비

빨리빨리 떠나 달라
이별을 재촉하네.

독촉 받은 가을 잎새
모여 함께 못하고

뿔뿔이 흩어져
여행길을 떠나네.

## 눈물

젊어서 흘린 눈물
약이 되지만

노년에 흘린 눈물
병이 된다는 것

인생길 끝자락에
다다라 깨닫네.

## 세월의 물줄기 따라

우리네 인생길
세월의 물줄기.

흘러, 흘러서
강 바다 다다를 곳.

어둠의 그림자
뒤를 따르네.

# 세종대왕 앞에

죄명 각각 다른
수 많은 죄인들

세종대왕 앞에
무릅 꿇고 앉아

고개 들지 못하면서도
속죄하지 않네.

# 양심

마음을 밝히는 등불
마음의 거울이다.

자신을 지키는
최후의 보루.

당당하게 살아 갈 수 있는
기틀이다.

# 앞으로 가야할 길

지난날의 삶을 통해
인생 길을 간다.

실패 없다는 좌우명으로
앞으로 가야할 길

삶의 지혜로 행복을 찾아
길 떠나는 사람들.

# 인생살이 끝까지

밤하늘의 별빛을 눈에 담으면
사물의 본연의 모습이 보이고

사랑을 마음에 담으면
인정의 샘물 끊임없이 솟아나며

희망의 불씨 가슴에 담으면
인생살이 끝까지 행복한 삶.

## 행복의 길

스스로 찾지 않으면
찾을 수 없는 길

기다리다 뒤늦게
찾아 나선 사람들

그 길 찾아 방황하다가
인생 끝자락에 이르는.

# 달라지는 인생길

가슴에 무엇을 담느냐에
달라지는 인생길

희망 가득 담고
살아가는 사람

가슴에서는
한 평생 행복의 꽃이 피고.

# 기다림

기다림은 꿈이며
희망이란다.

희망의 끈만은
놓아서는 안 된단다.

희망 속에 피어나는
행복이 아름답단다.

# 어떤 처방으로도

해가 갈수록
얼룩져가는 비리

어떤 처방으로도
치유되지 않고

새롭게 돋아나는
또 다른 상처.

## 길을 따라

사람들이 내 놓은
기존의 길 따라가는 사람

없는 길 만들어가며
목적지 도달한 사람

누가 더 행복했을까
누가 더 보람되었을까.

# 인생 공부

삶의 지혜, 삶의 의미
알 것 같아도

알지 못하고
살아왔던 지난 세월

되돌아보며
다시 시작하는 인생공부.

# 이승의 그리운 사람

밤하늘의 별이 된 그대
밤길 가는 나그네

한 밤 지새우고도
이승의 그리운 사람

찾고 싶은지
새벽녘 눈빛이 더 빛나네.

# 인생살이

날마다 외줄타기
곡예를 하네.

수많은 장애물
앞길 가로 막아도

인내와 끈기로
곡예를 하네.

## 이승 떠날 땐

자신의 마음 하나
추스르지 못하고

흐트러진 자세로
살아왔던 사람들

석양의 노을 빛
아름다운 꽃잎이네.

# 마음 빚

고향 떠나 타향살이
어언 반백년

옛 추억 그리움은
그대로인데

고향에서 받은 사랑
마음 빚이 무겁네.

4부

# 서로가 사랑하며

# 둥근달

만나기 전에는
그대도 반달이었다.

그대와 내가 만나
둥근달이 되었다.

반달이라 서럽지 말자.
둥근달 되자.

# 민들레

가장 낮은 자리에서
푸르른 창공을 그리워하네.

높이 날으리라는 꿈을
초록빛으로 키우네.

반드시 자신의 꿈
꽃 피울 수 있다는 희망이네.

# 사랑의 꽃씨

마음 밭에 뿌려놓은
사랑의 꽃씨.

싹터 자라서
피어난 사랑의 꽃

인생길 밝혀주는
희망의 등불.

## 아버지의 그늘

아버지의 삶을 지켜보면서
아버지처럼 살지 않겠다고

굳게 다짐했던 아들
아버지의 그늘 벗어나지 못하고

아버지의 벽 안에서 자족하며
돌아서지 못하는 이 심사.

## 잡초 뽑으며

집 뒤 화단 잡초 뽑으며
우리 사는 세상을 생각한다.

화단의 잡초만큼이나
많고 많은 인간 잡초들

자신의 마음 속 잡초 하나
뽑아내지 못하는 군상들.

## 외로움의 안개

인생길 한 고개 넘어도
다시 나타나는 새로운 고개

외로움의 안개를 벗어나도
다시 일어나 짙어만 가네.

일상의 활기 되찾기까지
인내의 시간이 필요하네.

# 가을 들녘에 서서

지금까지 달려왔던
외로웠던 인생길.

길 위에서 거두어들인
크고 작은 열매

때 늦은 후회해도
돌이킬 수 없는 삶.

# 가을 잎새

깊어가는 가을 앞에
되돌아보게 된 삶.

떠날 때 기다리는
가을 잎새처럼

바람에 흔들릴 때면
자신도 잎새가 되네.

## 한결같은 마음으로

그대 마음 밭에
사랑나무 한 그루 심는다.

한결같은 마음으로
가꾸고 북돋워

온누리에 사랑을 나누려
사랑나무 한 그루 가꾼다.

## 무너진 탑 다시 쌓기

각고의 노력으로
쌓아올린 공든 탑도

비바람 눈보라가
쉽게 무너뜨리네.

우리네 인생살이
무너진 탑 다시 쌓기.

# 모두 잊고

이제 세월도 나이도
모두 잊고 살라하네.

세상사 생활의 짐
내려놓고 살라하네.

두려운 죽음까지도
모두 잊고 살라하네.

## 행복의 노래

자신이 쓸 수 있는
행복이라 해도

어려운 이웃과
나눌 줄 알아야 하네.

행복의 노래
오래도록 불러야 하네.

# 자신을 돌아보는 시간

가슴에 무엇을
채우느냐에 따라

우리의 모습과
삶이 달라진다는데

지금 그대 가슴에
무엇을 채우는가?

# 속박

대부분의 사람들은
자신이 자신을 속박한다.

다른 사람 속박은
쉽게 풀 수 있어도

자신이 만든 자신의 멍에는
쉽게 풀지 못한다.

## 풍년가를 부르면서

수확의 기쁨으로
가슴 가득 차오르는 행복.

사람들의 마음까지
여유롭게 해주네.

일하며 쌓인 피로
풍년가로 말끔히 씻어내네.

## 행복은

행복은 아무에게나
찾아가지 않는대요.

마음의 문 열린 가슴을
찾아 들어간대요.

가슴 따뜻한 사람을 찾아
소리 없이 들어간대요.

## 벌초를 하며

부모님 산소 벌초를 하니
부모님 모습 선명하네.

지난날의 불효가
또 다시 생각나네.

부모님의 은혜사랑
되새기는 날에 애절해지네.

## 인연

오래 기억하고 싶은
좋은 인연도 있고

빨리 잊고 싶은
스쳐가는 인연도 있다.

그대는 다른 사람 가슴에서
어떤 모습으로 있을까?

## 삶은 1

남아 있는 여백
하나하나 채우는 거야.

날마다 새로운
그림을 그려가는 거야.

한 평생 그려도
미완성으로 남는 거야.

# 삶은 2

맑은 생수를 아무리 마셔도
마시고 또 마셔도

풀리지 않는
목마름이다

인생길 끝까지 채우고 채워도
채워지지 않는 허기다.

## 설렘 없다면

수평선 위 떠오르는 눈부신 태양, 밤하늘 수놓은 초롱초롱 빛나는 별빛, 눈 시리게 푸르른 초록빛 바다

맑은 향기 전하는 아름다운 꽃, 소나기 지나간 후 뜨는 무지개, 美德 겸비한 女人 보고도 설렘 없다면

무엇을 보고 아름다운 꿈을 꿀까?

# 첫 눈

첫사랑 그대 같은
눈이 내리네.

사랑으로 쌓이네.
축복으로 쌓이네.

지난날의 허물도
응어리도 풀어내며.

# 떠났던 고독

추적추적 가을비
내리는 날이면

떠났던 고독
다시 찾아 자리를 잡네.

방어벽을 쌓아도
틈새 비집고 들어오네.

# 인생길

왔던 길,
되돌아가야 하는 길

오는 길은 멀어도
가는 길은 빠른 길

가도 가도
끝 보이지 않는 길.

# 인생고개

한 고개 넘을 때마다
산산이 무너지고

더 높고 험난한 고개
앞을 가로막네.

인생고개
넘고 또 넘으며 깨닫네.

## 독도

날마다 갈매기가
주변을 경계하네.

오천만의 눈과 귀가
독도에 쏠려있고

변함없는 독도 사랑이
독도를 수호하네.

## 시는

시는 나에게
푸르른 꿈이 된다.

날마다 커가는 꿈
늘어나는 기쁨이 된다.

다정히 손잡고
인생길 가는 동반자다.

# 시인은

타인의 아픔
치유해 주면서도

자신의 아픔
치유하지 못하는 사람

자신은 끝없는 고독에
빠져드는 사람.

## 시 사랑 친구 南庭

우리나라 유명 시집은 물론 세계의 저명 시집에 이르기까지 모두 구해 읽는다는 시 사랑 친구 南庭은 아름다운 인연이고 행복한 일이다.

시에는 미래를 열어갈 꿈이 있고, 사람들의 가슴을 따뜻하게 해주는 사랑도 있고, 인생길 밝혀주는 희망의 등불과 삶의 지혜가 담겨있네.

시를 읽으며 행복의 의미를 깨닫는다는 자랑스런 친구, 시가 죽은 시대, 시를 읽지 않는 시대에 시를 사랑하는 가슴 따뜻한 친구는 희망이다.

가슴에 뜨는 별

이근풍 시집

발 행 일 | 2015년 3월 12일
지 은 이 | 이근풍
발 행 인 | 李憲錫
발 행 처 | 오늘의문학사
출판등록 | 제55호(1993년 6월 23일)
주 소 | 대전광역시 동구 대전로 867번길 52(삼성동 한밭오피스텔 401호)
전화번호 | (042)624-2980
팩시밀리 | (042)628-2983
홈페이지 | http://www.lito77.co.kr(홈페이지)
전자우편 | hs2980@hanmail.net

공 급 처 | 한국출판협동조합
주문전화 | (070)7119-1741~2
팩시밀리 | (031)944-8234~6

ISBN 978-89-5669-667-6
값 8,000원



* 이 책은 ㈜교보문고에서 E-Book(전자책)으로 제작 · 판매합니다.
* 잘못 제작된 책은 바꾸어 드립니다.